AF343735

L'AUTEUR DU TOMBEAU

DE

GUILLAUME DU BELLAY

SEIGNEUR DE LANGEY

A LA CATHÉDRALE DU MANS

AVEC UNE GRAVURE DU TOMBEAU

Par Henri CHARDON

Ancien Élève de l'École des Chartes
Lauréat de l'Académie française
Maire de Marolles-les-Braux, Ancien Conseiller général de la Sarthe
Officier d'Académie

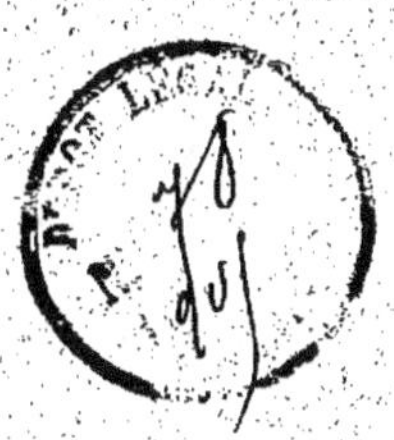

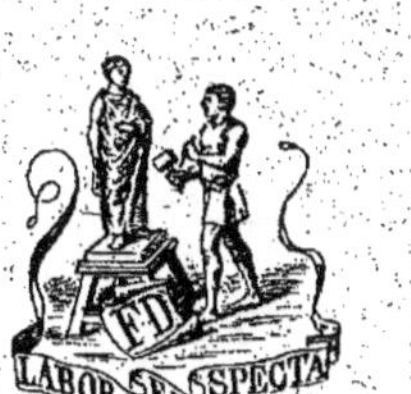

PARIS

CHAMPION, LIBRAIRE-ÉDITEUR, 9, Quai Voltaire

LE MANS

A. De SAINT-DENIS, Libraire-Éditeur, Place St-Nicolas

—

1905

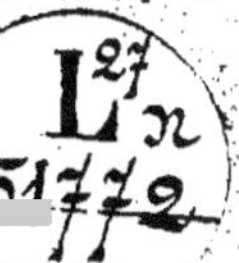

L'AUTEUR DU TOMBEAU

DE

GUILLAUME DU BELLAY

SEIGNEUR DE LANGEY

A LA CATHÉDRALE DU MANS

OUVRAGES DU MÊME AUTEUR

SUR

L'HISTOIRE DE L'ART

Amateurs d'art et collectionneurs manceaux. Les frères Fréart de Chantelou, in-8º, Le Mans, Monnoyer, 1867.

Le saint Martin de Château-du-Loir, l'Hercule et l'Antée du château du Lude, in-8º, Le Mans, Monnoyer, 1872.

Le Sépulcre de la cathédrale du Mans, in-8º, Le Mans, Monnoyer, 1869.

Les Artistes du Mans jusqu'à la Renaissance, in-8º, Paris, Champion, 1878.

Le Tombeau de Charles d'Anjou et le sculpteur Francesco Laurana, in-8º, Paris, Champion.

Simon Hayeneufve et la Chapelle de l'ancien évêché du Mans, in-8º, 1890.

Album des scènes du Roman Comique peintes par Jean de Coulom, conservées au Musée de la ville du Mans, in-4º, Le Mans, A. de Saint-Denis, Mamers, Fleury et Dangin, 1904. Tiré à 25 exemplaires numérotés.

VIENNENT DE PARAITRE :

Nouelz nouvaulx de ce présent an mil cinq cens et douze, dont en y a plusieurs notez à deux parties, dont l'une n'est que le plain chant, composez par maistre FRANÇOIS BRIAND, maistre des escolles de Sainct-Benoist, en la cité du Mans. — Publiés par Henri CHARDON. Paris, Champion. Le Mans, A. de Saint-Denis. Tiré à 110 exemplaires.

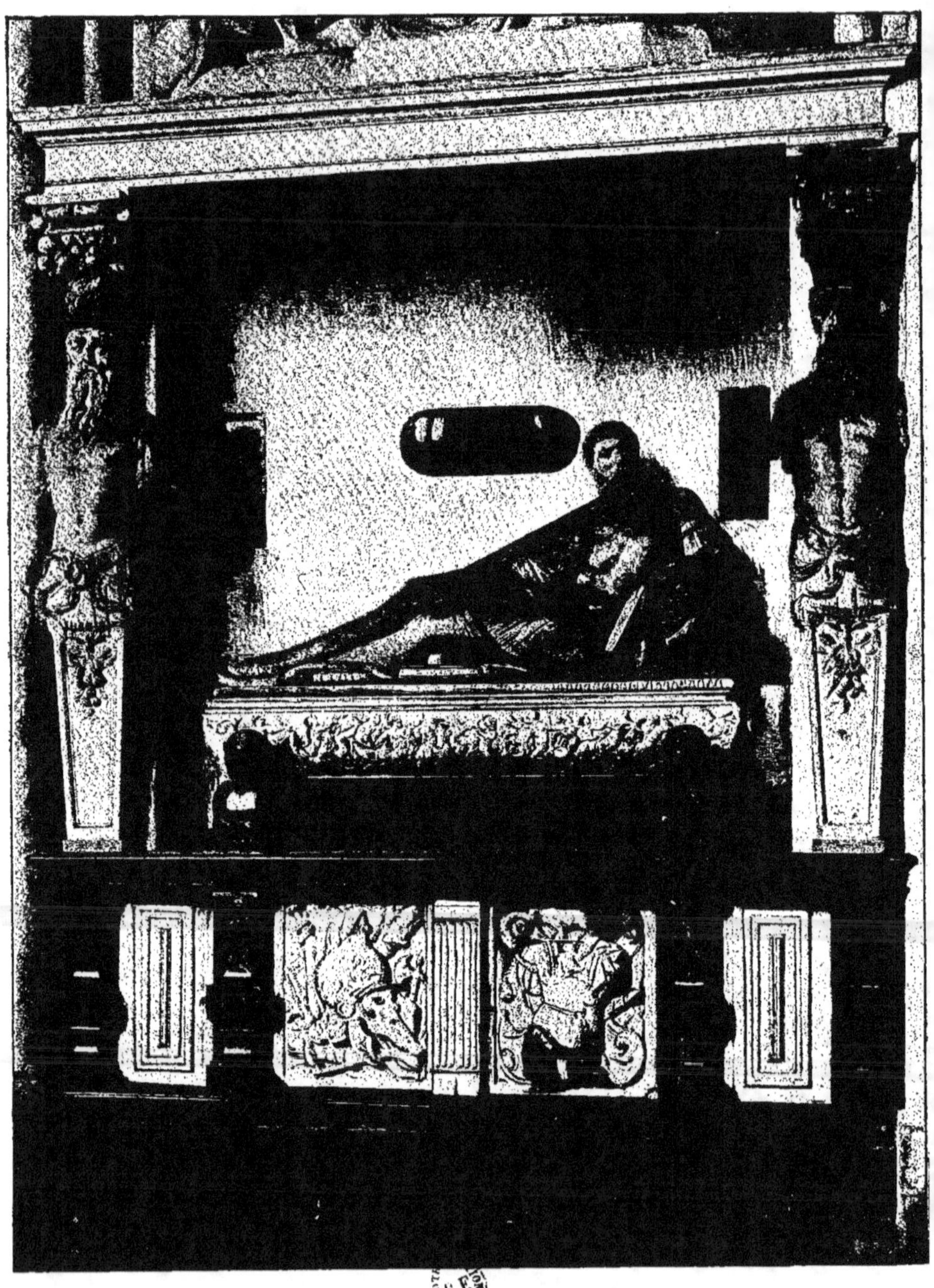

TOMBEAU DE GUILLAUME DU BELLAY, SEIGNEUR DE LANGEY, A LA CATHÉDRALE DU MANS
(État actuel)

L'AUTEUR DU TOMBEAU

DE

GUILLAUME DU BELLAY

SEIGNEUR DE LANGEY

A LA CATHÉDRALE DU MANS

AVEC UNE GRAVURE DU TOMBEAU

PAR HENRI CHARDON

Ancien Élève de l'École des Chartes
Lauréat de l'Académie française
Maire de Marolles-les-Braux, Ancien Conseiller général de la Sarthe
Officier d'Académie

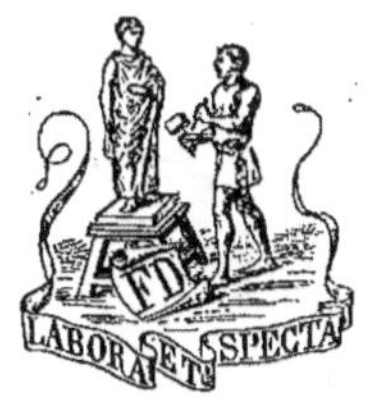

PARIS

CHAMPION, LIBRAIRE-ÉDITEUR, 9, Quai Voltaire

LE MANS

A. DE SAINT-DENIS, LIBRAIRE-ÉDITEUR, PLACE ST-NICOLAS

—

1905

INTRODUCTION

Voici quelques pages sur l'auteur probable du tombeau de Langey à la cathédrale du Mans et sur le goût qu'avait pour les beaux arts le cardinal Jean du Bellay, qui le lui fit élever. J'aurais pu grossir cette brochure, possédant pour cela des matériaux et des documents suffisants; mais, occupé à d'autres travaux de longue haleine, j'ai voulu seulement écrire quelques pages suggestives, laissant à MM. Gonse, Vitry, Bouchot et autres maîtres de la critique d'art, le soin de prononcer le dernier mot sur cette *énigme* sculpturale, restée depuis trop longtemps indéchiffrée.

L'AUTEUR DU TOMBEAU

DE

GUILLAUME DU BELLAY

SEIGNEUR DE LANGEY

A LA CATHÉDRALE DU MANS

CHAPITRE PREMIER

L'AUTEUR PROBABLE DU TOMBEAU DE LANGEY
A LA CATHÉDRALE DU MANS

M. Bourilly vient de faire paraître à la *Société nouvelle de librairie et d'édition* (Paris, 1905, in-8°, XVI-499 p.), sa thèse sur Guillaume du Bellay, seigneur de Langey, 1491-1543. Elle apporte, ainsi que ses *Fragments de la première Ogdoade de G. du Bellay*, une contribution importante à l'histoire du XVI⁰ siècle.

Un point qui intéresse spécialement l'histoire de l'art et le Maine, et que vient d'aborder M. Bourilly, est celui de l'auteur du tombeau de Langey à la cathédrale du Mans, qui lui fut élevé par son frère le cardinal Jean du Bellay. (Un moulage en existe au Musée du Trocadéro). Jusqu'à ce jour la lumière n'a pas été faite à cet égard ; les critiques d'art diffèrent quant à leurs attributions. M. Léon Palustre considérait ce tombeau comme étant du même artiste que celui de l'amiral Chabot, qu'il pensait être sorti du ciseau de

Jean Cousin. M. Gonse (1) ne croit pas cette œuvre émanée du « problématique » Jean Cousin ; il est tenté d'y reconnaître la marque de Jean Goujon. Sans nier l'analogie frappante que la statue de Langey présente avec celle de Chabot, il appuie davantage sur la ressemblance de son faire avec l'Olivier de Magny, du Louvre, qu'il hésite à attribuer à Paul Ponce (2). On peut donc une fois de plus demander *ancora piu di luce* (3).

Quant aux écrivains manceaux pas un n'a essayé de résoudre le problème. Ils n'ont rien dit ou ont naguères répété à qui mieux mieux le nom de Germain Pilon, auquel on a attribué dans le Maine tout et le reste, en fait de sculptures.

Je viens aujourd'hui appuyer sur un document qui peut aider à élucider cette question. Ce document n'est pas inédit, mais on peut dire qu'il n'a pas eu de chance. Ou il a été mal lu, ou bien il a été cité sans indication de provenance, ce qui lui a ôté toute sa valeur.

Quand le frère de Langey, Martin du Bellay, vint à mourir, sa veuve, Ysabelle Chenu, écrivit au cardinal du Bellay, pour le prier de songer à faire élever aussi un tombeau à son mari. Elle lui envoie sa lettre de Glatigny, le 12 août 1559, pour lui rappeler qu'il a bien voulu promettre au défunt un tombeau digne de son frère et de lui et elle ajoute : « *Maistre Noël Huet* m'a dict qu'il y a au Mans, du reste de celuy de feu Monsieur vostre frère aisné, assez de marbre blanc et noir pour faire celuy du dernier ».

Cette lettre n'avait pas été remarquée pour une bonne raison, c'est que M. Heulhard (4) a appelé du nom inconnu

(1) Gonse, *La Sculpture française*, in-4°, 1895, p. 119 et suiv.
(2) On est plein de doutes sur l'identité de Paul Ponce.
(3) En fait d'analogie je dois signaler celle qui existe entre le lion du mausolée de Langey et les lions qu'on voit à l'entrée de la cour de l'Hôtel Carnavalet, qu'on a attribués à Paul Ponce et à Jean Goujon. Voir Moutaiglon, *l'Architecture et la Sculpture à l'Hôtel Carnavalet*, Paris, in-4°, 1881.
(4) V. M. Heulhard, *Rabelais*, in-4°, 1891.

de *Noël Quenet*, l'artiste qui se nommait *Noël Huet*, qui est ainsi écrit dans le manuscrit. M. le marquis de la Jonquière avait bien lu ce nom dès 1887, mais sa notice sur le cardinal du Bellay est malheureusement enfouie dans un *Bulletin de la Société historique de l'Orne*, t. VI, p. 128, et de plus il a omis de donner la plus courte référence sur sa citation (1).

Il est certain que Noël Huet prit une part quelconque au tombeau de du Bellay ; on a publié une lettre de lui à Martin du Bellay du mois de septembre 1556, où il lui envoie un aperçu dessiné de la grandeur des lettres. Ces lettres étaient celles de la grande inscription qu'on lisait derrière la statue du héros (2).

M. Bourrilly a cité lui aussi le nom de Noël Huet.

Qu'était Noël Huet ? Un sculpteur (3), qui mérite d'avoir son nom inscrit dans l'histoire de l'art, et auquel on n'a fait jusqu'à ce jour qu'une part trop petite, tout en mentionnant son nom.

Il est connu comme l'auteur des sculptures du Jubé des Jacobins du Mans. La grosse œuvre du Jubé commencée en 1553 et achevée en deux ans, fut construite, dit-on, par l'architecte et maçon manceau Pierre Boiscléreau. Les modèles en bosse et les statues furent exécutés par Huet, artiste du Mans.

Le monument ressemblait à un arc de triomphe. Huit colonnes corinthiennes réunies deux à deux faisaient saillie

(1) J'ai en vain demandé à feu M. le Marquis de la Jonquière et lui ai fait demander par le regretté Marquis de Chennevières l'indication précise du manuscrit où il avait trouvé cette mention. C'est le Catalogue des manuscrits de la Bibliothèque Nationale qui, seul, m'a appris le numéro du manuscrit (Fr. 5150, f° 72) où se trouvait la lettre de la veuve de Martin du Bellay.

(2) Voir Étoc Demazy, *Essai sur les sépultures du Mans et de ses environs*, 1836, et M. l'abbé Blanchard, Guillaume du Bellay, dans le *Bulletin de la Société archéologique du Vendômois*, 1896, p. 87.

(3) En 1562 il est aussi qualifié du nom d' « architecteur ». Voir H. Chardon, *Pièces pour servir à l'Histoire et de la Réforme de la Ligue dans le Maine*, p. 62, *Annuaire de la Sarthe*, 1868.

sur le mur percé de trois portes cintrées et couronnées, un peu en retrait de l'entablement, d'une attique divisée en nombreux panneaux. Cette imitation de l'antique ne laissait pas de plaire par une certaine recherche de bon goût et une grande richesse d'ornementation, limitée toutefois aux parties principales. Dans les entrecolonnements étaient placées des statues; des rinceaux entrelacés ornaient la frise. Les statues remplissaient sept niches, alternant avec des caissons, où étaient figurés le monogramme du Christ et au-dessous l'étoile de saint Dominique. On voyait au milieu la Madeleine pénitente, appuyée sur une tête de mort ; à ses côtés saint Pierre avec les clefs et saint Paul portant son épée, puis saint Vincent et saint Laurent avec son gril, sainte Catherine d'Alexandrie et saint Étienne tenant à la main la palme du martyre et une des pierres de sa lapidation. En côté de l'entrée principale, sur laquelle deux anges à genoux présentaient les instruments de la Passion, on voyait saint Benoît et sainte Scholastique ; de l'autre côté des entrées latérales, saint Augustin et saint Nicolas ressuscitant les trois enfants. Tous ces personnages reconnaissables à leurs attributs ; les caissons, les niches, les ornements et les corniches qui les séparaient, étaient délicatement sculptés (1).

Ce jubé a été détruit et sa destruction est une page à la fois intéressante et lamentable. Heureusement il en existe un dessin de Gaignières, qui a été multiplié par sa reproduction dans le livre de l'*Histoire du couvent des FF. Prêcheurs du Mans*, par M. Cosnard. L'œuvre a un véritable caractère artistique et dénote un sculpteur familier avec le grand art, comme l'étaient à l'époque de la Renaissance les artistes provinciaux eux-mêmes. Depuis qu'on commence à élucider l'histoire de notre art national au XVI° siècle on est tout étonné de découvrir que nos plus belles œuvres,

____

(1) Voir surtout Cosnard, *Histoire. des Frères prêcheurs du Mans*, 1879, in-8°, p. 113 et suiv.

telles que les statues des Poncher du Louvre, sont sorties de la main de sculpteurs provinciaux, dont on avait à peine prononcé les noms.

Noël Huet avait vu l'Italie ; il s'y trouvait aux côtés de Jean du Bellay vers 1550, avec *Maître Jacques,* chargé ainsi que lui de veiller à la réparation et au moulage des « anticailles » du cardinal et de modeler des maquettes pour les reproduire plus tard en marbre (1).

En 1560, la ville du Mans (2) paie « à Noël Huet, maistre architecte, demourant en la ville, la somme de trois escuz soleil, ... pour les sallaires et vaccacions dudit Huet d'avoir visité ès présences de Jehan et Michel les Guyton, maistres maczons, les réparations nécessaires au pont Isouart dudict Mans, ensemble la turcie pour empescher l'inondation des caves entrer ès faulxbourgs d'icelle ville ».

Noël Huet embrassa le protestantisme comme plusieurs de ses confrères (3). J'écrivais à son propos en 1868 : « On retrouve séparés dans les deux camps des artistes qu'on avait vus naguères associés à une œuvre commune. C'est ainsi que l'architecteur Noël Huet, de la paroisse de Saint-Vincent, est devenu un fougueux huguenot avec sa femme et son neveu, tandis que les Boiscléreau, qui en sa compagnie avaient édifié le célèbre jubé des Jacobins de 1553 à 1555, sont restés dans les rangs des catholiques. Souvent même

(1) Le cardinal écrit : « Je donneray ordre de retirer maistre Jacques par deçà et aussi Me Noel, car il n'y aura apparence qu'ils demeurent là, advenant les grands troubles. (Lettre de Jean du Bellay à M. de Manne, 15 août 1551). Voir M. Heulhard, *Rabelais,* in-4°, 1891, p. 327 et Bibliothèque Nationale, Fr. 5150, f° 72.

(2) *Comptes de l'Hôtel de ville du Mans,* Comptes du 1er janvier 1560, au 31 décembre 1561, p. 189. — Les Comptes de ville renferment de nombreux noms d'artistes. Ils ont été malheureusement trop souvent défigurés par M. de Segonzac, auteur de la publication de ces extraits. C'est ainsi que dans le paragraphe suivant, le maître maçon Jehan Masnier se voit transformé en *Jehan Masurier.*

(3) Voir H. Chardon, *Recueil de pièces inédites pour servir à l'histoire de la Réforme et de la Ligue dans le Maine,* 2me partie, p. XXXV, 1868.

les familles sont désunies de doctrine ; l'un chante un psaume, l'autre demeure fidèle aux Noëls ; ainsi font les membres de la famille des Guyton, maîtres maçons jadis tous catholiques. Le plus grand nombre des artistes, sauf encore l'imagier Jean Marais et le vitrier Gadoubert, ne cessa pas cependant d'appartenir à l'ancienne religion ».

Noël Huet prit part aux actes de vandalisme dont la cathédrale Saint-Julien fut l'objet pendant l'occupation du Mans par les Huguenots. Aussi s'empresse-t-il de prendre la fuite, ainsi que sa femme et son neveu, avec ses coreligionnaires dès l'approche de l'armée catholique. Il fut compris dans la sentence par contumace, que le présidial du Mans prononça contre eux le 22 janvier 1563 (1).

Grâce au dessin de Gaignières, qu'on trouve à Paris comme au Mans, on a pu recomposer l'état ancien, l'état primitif du mausolée de Langey, qui aujourd'hui est moins endommagé que celui de Chabot (2). Le tombeau originairement pyramidait davantage et l'ensemble était plus harmonieux. La partie inférieure a disparu presque complètement. Elle se composait au centre de quatre niches cintrées, séparées par des pilastres et occupées par quatre statuettes de femme, dont la tête était déjà brisée au temps de Gaignières. Étaient-ce les quatre vertus ? A gauche un petit personnage tenait un vase. Aux extrémités de ces quatre niches, sur le même plan, se trouvaient les deux trophées d'armes qui subsistent aujourd'hui, mais occupent une place différente sous le milieu du cénotaphe. Au-dessus des trophées on voyait

(1) Voir *Ibid.*, p. 62.
(2) Cet état ancien a été reproduit par MM. de Segonzac, *l'Art*, 1er septembre 1893, Heulhard et Palustre, ainsi que l'état actuel du tombeau qu'on trouve encore dans la *Cathédrale du Mans* de MM. l'abbé Ledru et Fleury. C'est à l'obligeance de M. G. Fleury que je dois la communication de sa gravure du tombeau de Langey.

deux génies ailés surmontés des Termes encore existant (1).

Ce qui a totalement disparu c'est l'ornementation qui était derrière la statue ; le fond ornemental, les moulures, les pilastres et les nombreuses épitaphes. Le fronton a également disparu, mais a été remplacé par un moulage, formé des armes des Langey, surmontées d'un casque ayant pour tenants deux animaux.

Le tombeau est plaqué à la muraille, bien que cette disposition soit déjà moins fréquente qu'antérieurement ; ce qui est également conforme à la tradition, à l'art ancien, ce sont les niches et les quatre personnages qui y sont enchâssés. Bien qu'un architecte ait dû donner le plan, son rôle n'a pas été aussi prépondérant que dans le tombeau de Brezé par exemple, ou dans ceux de Saint-Denis du même temps.

Peut-être la part prise par Huet dans le tombeau de Langey a-t-elle contribué à le faire épargner presque complètement dans le pillage de 1562, par ses coreligionnaires ? L'époque révolutionnaire fut plus fatale pour lui. Ses débris furent portés au Musée, ramenés à la cathédrale dans la chapelle des fonts, où ils furent restaurés et replacés dans l'état où on les voit actuellement. Renouard et Maulny s'intéressèrent à sa conservation. Il fut plus heureux que le jubé des Jacobins, qui épargné aussi en 1562, transféré dans une autre partie de l'église, avait été respecté lors de la Révolution. Sauvé en ce moment comme un curieux monument de l'art, on eut pu croire son sort désormais assuré, il n'en fut rien.

---

(1) On a dit que ces Termes étaient les portraits de Guillaume du Bellay et de son frère.

M. Bourilly traite plus complètement qu'on ne l'avait fait jusqu'à présent et que ne l'avait fait même Hennin, *Monuments de l'ancienne France,* l'iconographie de Guillaume du Bellay ; qu'ils me permette cependant de lui signaler une omission. Il n'a pas mentionné la médaille représentant G. du Bellay en buste de trois quarts, coiffé d'un chapeau plat. V M, 443 Van Maeris *Histor. der Nederlansche Voston.* La Haye, 1732. Cette médaille est citée dans l'ouvrage d'Armand, *Les Médailleurs,* II, 1891, 2e édition.

Le maire Négrier de la Crochardière voulut un instant l'utiliser pour l'ornementation de la ville. Plus tard hélas ! on songea à en décorer l'entrée d'un Vauxhall. A la fin on le démolit vers 1813. L'entrepreneur Le Chesne en conserva quelques débris ; antérieurement M. Leprince-Claircigny avait fait de même.

Tous ceux qui en ont parlé le regardaient « comme un ouvrage inimitable ». Le maréchal de Tessé étant venu le voir avec un seigneur sicilien, le duc Passiano (1), ce fin connaisseur ne se lassait pas de le regarder et disait qu'il n'avait rien vu en Italie de si accompli et de si achevé (2). Les chanoines de Saint-Julien désirèrent, dit-on, échanger leur jubé contre celui des Jacobins, considérant celui-ci comme d'un art supérieur.

Tout cela montre que sous le rapport de la sculpture comme de l'architecture le jubé des Jacobins était une belle œuvre et que Noël Huet devait être un grand artiste.

Je ne m'arrête pas à parler ici de Boiscléreau. Il y avait deux maîtres maçons architecteurs au Mans de ce nom, Pierre et Mathurin (3). On les rencontre souvent dans les comptes de ville du Mans à cette époque. En 1562 ils étaient encore choisis comme experts à la requête des chanoines de Saint-Julien pour estimer les dommages causés par les huguenots à leur église.

(1) Il s'agit sans doute du duc Fornari, qui accompagnait le Maréchal au Mans au mois d'octobre 1711.

(2) On peut naturellement le comparer au jubé de Saint-Germain l'Auxerrois, dont le Marquis de Laborde a si singulièrement retrouvé les comptes et les noms des sculpteurs.

(3) On sait que leurs noms ont été extraordinairement défigurés par les auteurs manceaux. Je les ai restitués, en 1868, dans ma préface du *Recueil des pièces pour servir à l'histoire de la Réforme et de la Ligue dans le Maine*, p. XXXV. Cela n'a pas empêché MM. Palustre, Cosnard, etc., de les appeler Brisseleret ou Boisseleret, comme on le faisait précédemment. Le nom de Pierre se trouve toujours cité le premier dans les documents du temps. — Le nom de Mathurin « architecteur » est attaché à la réparation du Pont Ysouard.

La part que prit Noël Huet à l'érection du jubé du Mans a empêché son nom de s'éteindre dans l'oubli. Renouard l'inscrivit parmi les artistes manceaux dans l'*Annuaire* de 1816 ; Lenoir lui emprunta la mention qu'il fit de son nom pour l'insérer dans ses *Monuments français*, ce qui lui a assuré dès lors de la notoriété.

Le dessin du jubé des Jacobins permet de se rendre compte de l'architecture de ce monument, mais il ne permet malheureusement pas de bien apprécier le mérite de la sculpture (1).

J'ai mentionné tout ce que l'on sait de Noël Huet. Qu'on relise maintenant ce qu'écrit la veuve de Martin du Bellay : « Maistre Noël Huet m'a dict qu'il y a au Mans du reste de celuy de feu Monsieur vostre frère aisné assez de marbre blanc et noir pour faire celuy du dernier ». Que faut-il en conclure ? Ne peut-on pas en induire que Noël Huet avait été le sculpteur ou un des sculpteurs du tombeau de Langey ? Je parle bien entendu seulement de la statue couchée du grand homme et des Termes. Quant au combat de Tritons du cénotaphe et aux trophées d'armes, le premier venu peut voir qu'ils ne proviennent pas du même artiste que la statue couchée. Le cardinal du Bellay, ou bien avait fait sculpter ces marbres en Italie, ou bien les avait empruntés à une des nombreuses œuvres d'art antiques qui meublaient son palais de Rome, de même qu'il avait probablement fait dessiner le plan de l'ensemble du monument par son architecte, sans doute, Philibert de l'Orme.

Peut-on supposer que le Langey soit l'œuvre de Noël

(1) Pour l'architecture du jubé, cent ans après son érection, on a mis en avant le nom d'Hayeneufve. Il est bien en effet dans la manière de cet architecte ; mais il faut alors qu'on lui en ait fait dresser le plan d'avance, car il était mort dès 1546, c'est-à-dire six ans environ avant que les Jacobins se missent à l'œuvre pour commencer leur monument qu'ils ne firent exécuter que lorsqu'ils eurent les ressources suffisantes. — On peut dire que ce jubé a été l'objet des plus vifs éloges. On le citait comme plus beau que celui de la Cathédrale.

Huet, que le cardinal du Bellay connaissait, qu'il avait fait travailler à Rome ? On s'expliquerait alors comment cet artiste s'est inspiré de la statue de Chabot à un point tel qu'on peut croire que toutes les deux sont sorties du même ciseau (1).

Tant qu'on n'aura pas retrouvé une œuvre encore subsistante de Noël Huet, il sera difficile de savoir la vérité sur ce point. Souhaitons donc qu'une recherche inlassable ou un heureux hasard fasse mettre la main sur un ouvrage de l'artiste manceau, et alors seulement il sera possible de se prononcer d'une façon certaine sur l'attribution à Noël Huet du tombeau de Langey du Bellay.

Ce ne serait pas une mince gloire pour le Maine si l'on parvenait à faire cette preuve, et si l'on pouvait définitivement lui attribuer cette belle œuvre.

(1) Cela semble plus naturel que d'y voir une sorte de *replica* d'un même artiste.

CHAPITRE II

GOUT DU CARDINAL DU BELLAY POUR LES BEAUX ARTS.

SES ARTISTES EN ITALIE ET EN FRANCE

Jean du Bellay était un amateur d'art distingué ; de bonne heure il commence à en donner des marques. Alors qu'il n'est qu'évêque de Paris et chargé de pourvoir à la défense de cette ville (1), on le voit choisir pour capitaine Nicolas, conducteur, pour lieutenant, le maître des œuvres Jacques Corcasse et comme ingénieurs architectes, Nicole Siciliano et Dominique Boccador (2).

C'est en Italie surtout que se développa son goût artistique dès sa première ambassade. Il s'y fixa au lendemain de la mort de François Ier ; il n'en revint que pour un instant à la fin de 1549, pour y retourner faire un plus long séjour.

En France, on voit désigné comme un de ses peintres *Charles*, probablement Charles Dorigny (3). MM. Heulhard et Muntz ont cru qu'il était en relation, en 1557, avec Jacques

(1) Jean du Bellay, non loin de Notre-Dame de Paris, a une rue qui porte son nom. On en chercherait vainement une au Mans, où il y a tant de gens, presque inconnus, auxquels on a décerné cet honneur.

(2) V. Montaiglon, *Anciennes poésies françaises*, t. XIII.

(3) Le nom de Charles se rencontre dans la lettre *inoubliable* que lui a écrite Jean Moreau, (V. manuscrit de la Bibliothèque de l'École de médecine de Montpellier), à propos des chandeliers de bougies donnés par feu du Bellay à la duchesse d'Étampes et offerts par elle à François Ier, lettre qu'a publiée M. Heulhard. — Il y a alors bien des artistes du nom de Charles. J'ai choisi Charles Dorigny comme le plus probable ; j'eusse pu en citer aussi au moins trois autres.

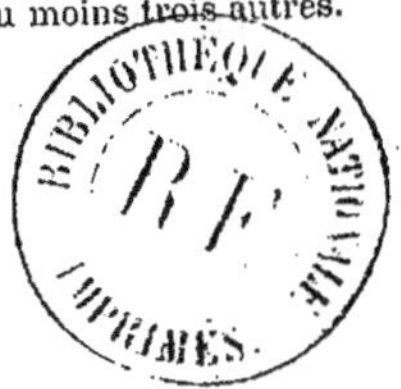

d'Angoulême que vante Blaise de Vigenères et dont on voit
des œuvres à Limoges. La plupart des auteurs ont parlé de
ses rapports avec Paul Ponce, Jean Goujon a aussi prononcé
son nom à propos de Saint-Maur, mais tout le monde pouvait
en faire autant. Joachim du Bellay inscrit dans ses vers
les noms de Lescot, de Martin etc. Serait-ce le cardinal qui
les lui aurait fait connaître ? Guillaume Philandrier et Serlio
étaient aussi connus de Jean du Bellay.

A Rome il protégea Philibert de l'Orme, le ramena d'Italie
et après son retour en France le chargea de la direction des
travaux de son magnifique château de Saint-Maur (1), dont
il entreprit la construction bien qu'il n'eut « pour lors
beaucoup d'écus de reste ».

Son « médecin », Rabelais, qui ne tarit pas d'éloge sur le
bonheur qu'il eut de visiter l'Italie en compagnie de l'homme
qu'il appelle la fleur des savants et des humanistes, dit que
le cardinal donnait le temps, qui lui restait libre au milieu des
labeurs de sa célèbre ambassade, à visiter avec curiosité les
monuments de Rome, et que ce n'était pas assez pour lui de
les voir, qu'il prit le souci de faire fouiller des ruines, ayant
acheté dans ce but une vigne d'une grandeur raisonnable. Ce
furent deux jeunes domestiques du cardinal, des plus hono-
rables et des plus curieux de l'antiquité, Nicolas Le Roy et
Claude Chappuis, qui secondèrent Rabelais dans les études
de la topographie de Rome qu'il entreprit sur place. On sait
que le fameux auteur de *Pantagruel* fut prévenu par Jean
Barthélemy Marliani dont il dit : « *Ecce tibi amande comptum
est Marliani liber* ». Rabelais reconnaissant le mérite de cet
ouvrage, s'empressa, dès qu'il lui fut parvenu, d'en donner
une édition à Lyon par les soins de Jean Sévin, chez
Sébastien Gryphius, in-8°, avec dédicace latine à Jean du

(1) Voir sur Saint-Maur et sur ses modifications, Palustre, *La Renaissance*, 5e livraison, Ile de France, et aussi M. Marius Vachon, *Philibert
de l'Orme*.

Bellay (qui n'était pas encore cardinal). Cette édition, avec la dédicace de cinq pages, parut sous ce titre : *Antiquæ Romæ topographiæ libri septem, Romæ per Antonium Bladum de Asulà, in œdibus D. Joan-Bapt. de Maximis, anno Domini M D XXXIIII, ultimo mensis maii.*

Artiste, Jean du Bellay ne pouvait pas ne point l'être à cette époque du plein épanouissement de la Renaissance, où tous les nobles esprits pratiquaient avant tout la religion de l'art, dans cette cour de François Ier où les courtisans, à l'envi du maître et à son exemple, appelaient architectes, peintres, sculpteurs, tapissiers, orfèvres, céramistes, à élever, décorer et meubler les palais qui sortaient du sol aux quatre points de l'horizon de notre France. Il ne pouvait pas ne point l'être surtout dans cette Rome toute brillante des chefs-d'œuvre de l'art antique et de ceux qu'avaient semés les Bramante, les Cellini, les Raphaël, les Michel Ange et les San Gallo, dans cette Rome où il était le doyen du Sacré Collège, le représentant de la France et un candidat à la Papauté, à la succession de Léon X, et où il éblouissait par le faste de ses fêtes, dont l'éclat faisait pâlir toutes les autres (1).

C'est à Rome, où il passa près de douze années à la fin de sa vie, dans son palais devenu pour ainsi dire l'auberge de la France et où il mena une existence princière, qu'il laissa les témoignages les plus éclatants de son goût pour les arts. Son splendide palais de marbre, près des rives du Tibre et des thermes de Dioclétien, a été célébré par l'Hôpital, son ami, dans les nombreuses poésies qu'il lui adressa :

« Nunc struit ille domos, nunc dicitur alta locare
Fundamenta novæ Pario de marmore villæ,
Tiberis ad ripam...... »

(1) Voir Rabelais, *La Sciomachie et Festins faits à Rome au palais de mon Seigneur révérendissime Cardinal du Bellay.*

De grands jardins l'entouraient; pour les orner le cardinal acquit une collection de statues antiques et modernes. Le catalogue de ces œuvres d'art, qui fut fait après le décès du cardinal, heureusement conservé a été retrouvé en 1876 par M. Léon Clédat, alors élève à l'école de Rome, et publié plus tard par lui dans le *Courrier de l'Art*, 1883, p. 206, avec les numéros de toutes les statues en pierre qui ornaient ce musée. Précieux catalogue qui permet d'identifier les plus beaux ouvrages d'art et de suivre leur destinée soit dans les musées, soit dans les collections particulières de Rome. Cette collection fut dispersée à la mort du cardinal. Tout fut vendu : « anticailles de marbre », bagues, médailles, etc., sans parler de sa riche vaisselle d'or, dont il avait donné la moitié aux Minimes de France (1).

Quand René du Bellay écrivit à son frère Jean pour l'inviter à faire élever à Langey, mort le 9 janvier 1543 (nouveau style), un tombeau dans la cathédrale Saint-Julien, le cardinal ne s'empressa pas de répondre à son invitation. Il n'était pas sans doute alors « argenteux », ce qui lui arrivait assez souvent. Il fallut que l'évêque du Mans lui rappelât la promesse qu'il avait faite. Lorsque l'évêque mourut, rien n'était encore commencé ; ce ne fut qu'en 1557 que le tombeau fut terminé et placé dans la chapelle du Chevet à la cathédrale.

Jean du Bellay fixé au delà des Alpes devait naturellement songer pour son frère à un monument funéraire élevé sur le modèle de ceux d'Italie.

En France on n'avait guère vu jusqu'alors que des gisants et des priants. En Italie au contraire depuis un certain temps déjà on élevait des tombeaux adossés au mur, où le

(1) Le testament du Cardinal fut passé devant le notaire Peregrinus, le 16 février 1560, dit M. Clédat. L'abbé Pointeau en avait publié un fragment daté du 15 mai 1555, disait-il. — Les contestations auxquelles donna lieu le testament du Cardinal, ne furent terminées, par une transaction, qu'en 1577.

mort était représenté accoudé avec toute l'apparence de la vie (1).

Je citerai le monument funéraire de Philippo Decio, avocat de Sienne, par Stagio Stagi, qu'on rapporte à une date voisine de 1530 (?) et dont on voit la reproduction dans la chapelle servant de musée à l'École des Beaux-Arts à Paris (près du tombeau des Médicis), œuvre tout à fait italienne, où le personnage est accoudé sur son cénotaphe et lisant.

Ce n'est qu'à partir du commencement de la seconde moitié du XVIe siècle qu'on rencontre ce nouveau genre de tombeaux en France.

C'est au Louvre que se voient les tombeaux de ce genre qu'on peut remarquer comme les premiers en date : le Chabot, l'Olivier de Magny (2), le François Ier, comte de La Rochefoucauld, auxquels il faut ajouter le mausolée de l'évêque Jean de Langeac à la cathédrale de Limoges, attribué à Jacques d'Angoulême et le prince de Carpi à demi couché sur son sarcophage et faisant la lecture, qu'on attribue à Ponce, vers 1535 (3).

On peut d'autant mieux rapprocher tous ces tombeaux de celui de Langey, presque contemporain, que tous leurs au-

(1) Sur les divers styles des tombeaux en France, voir Palustre, *L'architecture de la Renaissance en France*, Quantin, in-12, p. 281 et suiv. M. Palustre se trompe dans l'ouvrage que je viens de citer, en indiquant le tombeau de Georges d'Amboise à la cathédrale de Rouen (1520-1525), œuvre de Roland Lerouge, aidé des sculpteurs Pierre Desobaulx, Regnaud, Cherduyn et André le Flament, comme représentant les d'Amboise accoudés ; les d'Amboise sont au contraire réprésentés priant.

(2) L'Olivier de Magny du Louvre semble être en pierre de liais jaunâtre, comme le Langey. On se rappellera que le Magny est attribué, à Ponce, et que Noël Huet paraît à Rome, auprès du cardinal du Bellay, à côté de Jacques d'Angoulême, qu'on croit être le même que Ponce Jacquio. Quelques-uns seront fondés dès lors à en déduire la collaboration de Ponce Jacquio et de Noël Huet dans le tombeau de Langey.

(3) A une époque postérieure, on cite aussi le cénotaphe de Henri de Guise, le Balafré, élevé à Eu, 34 ans après sa mort, par sa veuve, vers 1622. Le duc de Guise est représenté étendu sur le flanc, s'accoudant sur un double coussin, sa tête repose sur sa main droite, et sa gauche tient un bâton de commandement.

teurs ont été ou peuvent être aussi considérés comme auteurs du mausolée de Langey. La similitude de la statue de Guillaume du Bellay avec celle de Chabot ne pouvait pas manquer de les faire attribuer au même artiste. J'ai dit que Palustre (1) avait attribué le Chabot à Jean Cousin. Cette attribution n'a pas été adoptée par M. Gonse (2), qui rapproche aussi plutôt le Langey de l'Olivier de Magny du Louvre. Quant à maître Ponce l'«énigmatique Ponce», on sait que son individualité n'est pas bien déterminée. On est allé jusqu'à confondre ensemble deux et même trois Ponce, Paul Ponce, contemporain d'Henri IV, Paul Ponce Trebati, et Ponce Jacquio ou Jacquio d'Angoulême (le catalogue du Musée du Louvre les a confondus) (3). On peut rapprocher le lion du tombeau de Langey des lions et des admirables mascarons de Carnavalet, mais Palustre (*Ile de France*, p. 179), n'admet pas l'attribution que Montaiglon en a faite à Ponce (4).

On conçoit donc qu'il n'est pas facile de voir clair malheureusement dans la question des Ponce. C'est d'autant plus regrettable que Ponce travailla pour Jean du Bellay. Son nom venait naturellement à la pensée à propos du tombeau de Langey, d'autant mieux que M. Muntz a proclamé le caractère italien des monuments de ce genre en parlant du mausolée italien tel que l'a réalisé la Renaissance (5), et qu'on a attribué à cet artiste un bon nombre de monuments funéraires innommés, qui représentent des personnages reposant accoudés sur leur mausolée.

(1) V. *La Renaissance en France*, in-f°, 13° livraison, 1887, p. 147 et suiv.

(2) Et de même par M. André Michel qui a écrit du tombeau de Chabot « qu'il était attribué arbitrairement et même contre toute vraisemblance à Jean Cousin (*Journal des Débats* du 5 octobre 1887).

(3) Voir *Archives de l'Art français*, 1873, p. 224, Documents sur Guillaume Pons, sculpteur Champenois, sculpteur ordinaire de Henri IV, confondu avec Paul Ponce et Ponce Jacquin ou Jacquio.

(4) V. Montaiglon, *L'Architecture et la sculpture à l'Hôtel Carnavalet*, in-4°, 1881.

(5) V. *Revue des Deux Mondes*, 1er avril 1886, p. 573.

Ce qui vient encore compliquer la question, c'est que le dessin a été probablement donné par d'autres que ceux qui l'ont exécuté, et que la partie architecturale émane d'un autre artiste que la statue de Langey et les Termes. (Il en a été ainsi du jubé de Saint-Germain-l'Auxerrois de Lescot et du tombeau de François Ier.)

De l'Orme que Rabelais a appelé « le grand architecte du roi Megiste », De l'Orme « le Dieu des maçons ou architectes », avait des liens intimes avec les du Bellay ; il a pu présider à l'ordonnance du monument, bien qu'il eût une allure italienne, mais l'exécution de l'œuvre de sculpture frappe plus que la conception architecturale. Le Langey, comme le Chabot et surtout le Magny, étonnent par leur caractère grave (on l'a dit), par l'expression humaine de la méditation intime et des sentiments les plus profonds de l'âme que le christianisme a introduit dans l'art et qui y restait encore malgré la résurrection de l'antiquité, sentiments éclatant surtout dans la mélancolique et pensive statue d'Albert Pio de Savoie, qu'on attribue à Ponce et qui montre le guerrier au repos, ayant presque l'air plongé dans la contemplation d'un monde intérieur (1).

Si MM. de Montaiglon, Palustre, Muntz et Courajod, étaient encore vivants, on eût pu compter sur une solution prompte et définitive de ce problème. Espérons que leurs successeurs marcheront sur leurs traces. Toujours est-il que le nom de Noël Huet et les renseignements que je viens de donner sur son compte pourront contribuer à faire la lumière dans la question de l'*énigmatique* auteur du tombeau de Langey.

(1) Voir aussi le bas-relief en bronze du tombeau d'André Blondel, mort en 1558, qu'on attribue à Ponce.

Marolles-les-Braux, avril 1905.

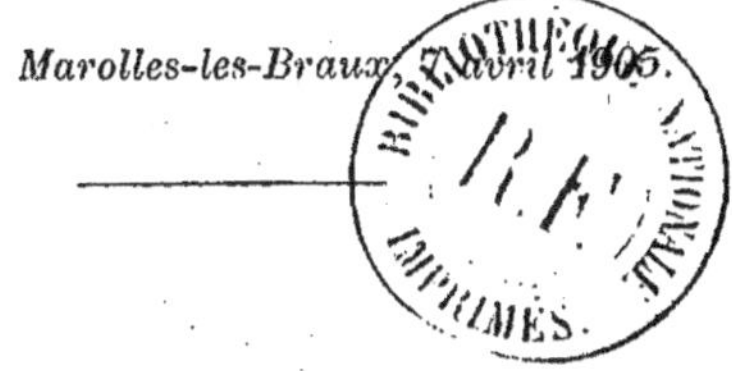

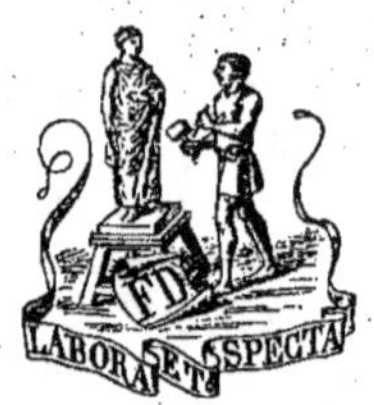

NAMERS. — TYP. G. FLEURY ET A. DANGIN. — 1905.

www.ingramcontent.com/pod-product-compliance
Lightning Source LLC
LaVergne TN
LVHW010504060726
842527LV00005B/1864